AF359103

BIBLIOTHÈQUE

RELIGIEUSE, MORALE, LITTÉRAIRE,

POUR L'ENFANCE ET LA JEUNESSE,

PUBLIÉE AVEC APPROBATION

DE Mgr L'ARCHEVÊQUE DE BORDEAUX.

3ᵉ SÉRIE in-12ᵉ.

LE POLE NORD

NOTICE

SUR LES NATURELS QUI HABITENT CES PAYS DÉSOLÉS

ET SUR LES DIVERS ANIMAUX

PARTICULIERS AUX CLIMATS GLACÉS

PAR UN ANCIEN CAPITAINE DE VAISSEAU.

DÉPÔT LÉGAL
HAUTE-VIENNE
184

LIMOGES,

Eugène ARDANT et C. THIBAUT,
Imprimeurs-Libraires-Éditeurs.

Propriété des Editeurs.

LE

POLE NORD.

RECHERCHE DU POLE NORD.

Les premiers voyages dans les mers glaciales ne datent pas d'hier, témoin Martin Frobisher, célèbre voyageur qui exécuta en 1576 son premier voyage dans les mers polaires. Soit qu'il eût entendu parler de la possibilité de se frayer un passage au nord-ouest autour de la côte septentrionale de l'Amérique pour arriver au Cathay et aux Indes orientales, soit que ses espérances ne fussent fondées que sur la connaissance qu'il avait de la sphère, sa science et son expérience dans toutes les branches de la navigation, il est certain que, d'après sa persuasion, ce voyage était non-seulement possible, mais facile. Il ne lui fut pourtant pas si aisé de faire entrer ses amis dans ses vues, mais il persévéra pendant quinze ans dans un projet qu'il avait conçu et médité depuis si longtemps.

Enfin en 1576, grâce aux secours du comte de Warwick et de quelques amis, il équipa deux petits bâtiments, *le Gabriel*, de trente-cinq tonneaux, et *le Michel*, de trente, ainsi qu'une pinasse de dix. Avec cette petite escadre il passa, le 8 juin, devant Greenwich, où la cour était alors. La reine Elisabeth lui fit ses adieux d'une croisée par un signe de main. Le 11 juillet il eut en vue la *Fris-lande*, dont les pointes des montagnes s'éle-vaient comme de nombreux clochers et toutes couvertes de neige. Cette île, dont la position a embarrassé les géographes, ne pouvait être que la partie méridionale du Groenland.

Les glaces l'obligèrent de se diriger au sud ouest. Il arriva près du Labrador, mais ne put aborder ni sonder. Avançant vers le nord, il entra dans un détroit par 63° 8' de lati-tude, auquel il donna son nom, et qui fut plus tard nommé l'*Entrée du Lumley*.

Dans les canaux qui séparaient les îles dont ce détroit était rempli il découvrit un grand nombre de petites choses qui flottaient au loin sur la mer, et qu'il prit pour des marsouins ou des phoques. Mais il reconnut bientôt que c'étaient des hommes dans de petits canots couverts de peaux. Il dit qu'ils ressemblent aux Tartares. ayant de longs cheveux noirs, le visage large, le nez plat et la peau basanée. Les hommes et les femmes portent des vêtements de peau de veau marin, sans différence dans la façon · mais les femmes ont des raies bleues sur les joues et autour des yeux.

Frobisher réussit à en attirer un à bord ; mais lorsque celui-ci se vit prisonnier, il se coupa de rage la langue avec les dents. Frobisher mit à la voile pour l'Angleterre et arriva à Harwich le 2 octobre, comblé d'éloges et célèbre par l'espoir qu'il rapportait de la découverte d'un passage pour se rendre au Cathay.

En 1577 et 1578 Martin Frobisher entreprit deux autres voyages dont on trouvera le récit dans l'*Histoire chronologique des voyages au pôle Arctique,* par John Barron.

Au dire des auteurs de la *Biographie britannique,* Frobisher était né de parents obscurs à Doncaster dans le Yorkshire, et se forma de bonne heure à la marine. On le représente comme un homme plein d'intelligence, d'énergie, de courage et d'expérience, d'une conduite régulière, mais d'un caractère impétueux, dur et violent.

LES BALEINES.

Il y a plusieurs espèces de baleines : la première et la plus grande est la *balæna dorso impenni*, autrement appelée *balæna vulgaris* et *groenlendica,* parce qu'on la trouve le plus fréquemment sur les côtes du Groenland. Autrefois elle était plus commune sur les côtes de l'Islande ; mais les pêcheurs espagnols et français les ont si fort poursuivies, qu'elles ont émigré vers le nord. Ces baleines, qui fournissent une bonne nourriture, savoir : celles qui n'ont que des lames de corne au lieu de dents, et celles aussi qui ont le ventre plissé (*ventrem plicatum*), sont aujourd'hui assez connues, excepté quelques-unes des petites, dont les pêcheurs ne se soucient pas.

A l'égard des baleines à dents ou baleines de proie, il est certain qu'il y en a de beaucoup d'espèces dans les parages du nord, qui sout encore inconnues aux naturalistes étrangers, parce que les pêcheurs ne réussissent que rarement à s'en rendre maîtres, à cause de leur extrême agileté. Une autre espèce de baleine sans dents est la *balœna tubere pinniformi* des naturalistes, ainsi nommée parce qu'elle a une bosse sur le dos; mais son ventre est uni comme celui de la première. Quelques auteurs lui donnent le nom de *balœna pinna adiposa in extremo dorso.* La baleine à dos uni a environ soixante mètres de longueur; la baleine à dos bossu est plus petite et moins large. La seconde subdivision des cétacés sans dents comprend ceux qui, bien qu'avec des fanons, n'ont pourtant pas le ventre uni, mais plissé. Les naturalistes modernes les distinguent aussi par ce signe, car ils les appellent *balœna ventre plicato.* Les Islandais les emploient ordinairement pour leur consommation, surtout le ventre, dont la chair entremêlée de graisse forme un manger très délicat. Les pêcheurs groenlandais ne les recherchent pas autant que la première espèce, parce qu'elles ont moins de lard, leur ventre n'en ayant pas du tout.

Je désignerai trois autres espèces du genre

1..

en question : 1° La *balœna maxima ventre plicato,* ou le *musculus* de Linné, qui est la plus grande de toutes les baleines que l'on connaisse, surtout pour la longueur, car le mâle mesure plus de cent mètres. Les intrépides marins l'atteignent souvent de leurs harpons ; mais le harponneur parvient difficilement à s'en rendre maître avant qu'elle ait perdu son sang ou que le fer lui ait causé une inflammation. 2° La *balœna media ventre plicata, pinna brevi acuta in medio dorso;* elle a environ douze à quatorze mètres, et paraît la même que celle à qui les Norvégiens donnent le nom de *Ror-Hval* (baleine do roseau). On en trouve quelquefois qui sont tout-à-fait blanches ; elle a communément le dos d'un brun foncé, et les côtes et le ventre blancs. Ses mâchoires ou *laminœ corneœ* sont très petites ; la chair, surtout celle du ventre, fournit une bonne nourriture. Cette espèce est souvent jetée sur la côte, et se porte quelquefois elle-même vivante sur les bas-fonds en voulant empêcher son petit de s'y heurter. 3° La *balœna minima rostro longissimo et acutissimo* est facile à reconnaître. Elle tient son nom d'*Andarnafia,* que lui donnent les Islandais, du bec de canard auquel le devant de sa tête ressemble; elle est sans contredit celle que les Norvégiens nomment *Rebbe-Hval* (bec baleine). L'huile de cétacé est particulièrement fine et volatile. En Islande les vaisselles de bois ou de terre ne peuvent la contenir, et même le verre dans lequel elle est renfermée devient humide en dehors; si on en fait usage intérieurement, elle sort de suite par les pores. C'est pourquoi on l'emploie en Islande comme un remède parégorique ou anodin, et comme excellent résolvant. Cette huile produit aussi des effets très salutaires pour les enflures, les tumeurs, les clous, et dans toutes sortes d'inflammations. Sa longueur varie de vingt à vingt-quatre pieds.

Les baleines qui, au lieu de fanons, ont des dents, se rencontrent ordinairement dans les mers qui environnent l'Islande; c'est là du moins qu'on en voit la plus grande quantité. Celles qui sont mangeables appartiennent spécialement à la famille des dauphins. Le *huydengen* (*delphinus minimus rostro protracto*) est une très petite espèce de baleine; elle poursuit avec acharnement et tue les grosses baleines sans dents ; il a ordinairement quatre à six pieds de long. Le *haa hyrningur* (*delphinus maximus pinna in medio dorso majori acuminata*), ainsi nommé à cause des hautes nageoires qu'il a sur le dos, est le plus facile à reconnaître dans toute l'espèce, tant par sa grandeur (trente-huit mètres de long) que par sa nageoire, qui a environ deux mètres de haut.

Les *illhvele* ou baleines malfaisantes forment la seconde subdivision. Elles sont plus à craindre que toute autre ; car on assure que quelques-unes d'entre elles sont si voraces, qu'elles prennent les bateaux voguant dans leur gueule, les écrasent et avalent les hommes qui les montent. Elles sont si avides de chair humaine, que lorsqu'elles ont pu en avaler dans quelque endroit elles y restent souvent une année entière dans l'attente d'en trouver encore. Le plus grand nombre de celles qu'on rencontre dans la haute mer appartiennent à cette classe de baleines malfaisantes. (*Voyage en Islande,* fait par ordre de Sa Majesté danoise, traduit du danois par Gauthier Lapeyronie, tome III, pag. 227 et suiv.)

LES PHOQUES ET LES MORSES.

Les phoques sont des animaux amphibies ; ils se distinguent de tous les autres mammifères carnassiers par leurs pieds extrêmement courts, plats, enveloppés par la peau, palmés, en forme de nageoires, ne pouvant leur servir qu'à ramper péniblement sur la terre, mais très propres à nager. Par le mot amphibie, il ne faut pas entendre que l'animal peut vivre sous l'eau et sur la terre, mais seulement qu'il habite l'un et l'autre, et qu'il respire l'air atmosphérique seulement, ce qui le force à se maintenir à la surface des ondes ou à y venir respirer quand il a plongé.

Ces animaux ont des canines et des incisives, et leurs canines supérieures sont de grandeur ordinaire, non en forme de défense.

L'histoire de ces animaux est encore très-embrouillée.

Pour écrire ainsi que pour étudier les mœurs et les habitudes de ces amphibies, il faut les suivre à travers les écueils et les récifs qui bordent toutes les mers, et jusque sur les glaces éternelles des pôles, où ils font leur résidence habituelle. Nous les verrons se jouer à travers les tempêtes, sur les vagues irritées, passer la plus grande partie de leur vie dans les eaux, s'y nourrir de poissons, de crustacés et de coquillages, qu'ils pêchent avec beaucoup d'adresse, et ne venir à terre, où ils ne peuvent se traîner qu'en rampant, que pour allaiter leurs petits ou dormir au soleil. Leur corps allongé, cylindrique, diminuant progressivement de grosseur depuis la poitrine jusqu'à la queue, leur colonne vertébrale très mobile, leurs muscles puissants, leur bassin étroit, leurs poils ras et serrés contre la peau, en un mot toute leur organisation en fait les meilleurs nageurs qu'il y ait parmi les mammifères, si l'on en excepte les cétacés. La nature leur a donné une conformation particulière qui leur permet de respirer à d'assez longs intervalles, et par conséquent de rester longtemps sous l'eau, quoiqu'ils n'aient pas le trou botal bouché, comme l'ont prétendu quelques naturalistes, et particulièrement Buffon. Leurs narines offrent aussi une particularité remarquable : elles sont munies d'une sorte de petite valvule que l'animal ouvre et ferme à volonté, et qui empêche l'eau de leur entrer dans le nez lorsqu'ils plongent. Un fait extrêmement singulier, mais notoire, est que ces animaux ont l'habitude constante, lorsqu'ils vont à l'eau, de se lester comme on fait d'un vaisseau, en avalant des cailloux, qu'ils vomissent en revenant au rivage. Certaines espèces recherchent les plages sablonneuses et abritées, d'autres les rocs battus par la mer, d'autres enfin les touffes d'herbes épaisses des rivages. Ils ne se nourrissent pas exclusivement de poissons ; car, lorsqu'ils peuvent saisir quelque oiseau aquatique, un albatros, une mouette, ils n'en manquent guère l'occasion. Pendant leur séjour à terre ils ne mangent pas, aussi maigrissent-ils beaucoup. Même en captivité, pour dévorer la nourriture qu'on leur jette ils la plongent dans l'eau ; ils ne se déterminent à manger à sec que lorsqu'ils y ont été habitués dès leur première jeunesse, ou qu'ils y sont poussés par une faim extrême.

Quand les phoques veulent sortir de la mer, ils choisissent une roche plate qui s'avance dans l'eau en une pente douce par laquelle ils grimpent, et qui se termine de l'autre par un bord à pic, d'où ils se précipitent dans les ondes à la moindre apparence de danger. Pour ramper, ils s'accrochent avec les mains ou les dents à toutes les aspérités qu'ils peuvent saisir, puis ils tirent leurs corps en avant en le courbant en voûte; alors ils s'en servent comme d'un ressort pour rejeter la tête et la poitrine en avant, et ils recommencent à s'accrocher pour répéter la même opération à chaque pas. Néanmoins, malgré ce pénible exercice, ils ne laissent pas que de ramper assez vite, même en montant des pentes fort roides. Le rocher sur lequel un phoque a l'habitude de se reposer avec sa famille est sa propriété, relativement aux autres animaux de son espèce. Quoiqu'ils vivent en grands troupeaux dans la mer, qu'ils se protégent, se défendent, s'aiment les uns les autres, une fois sur la terre ils se regardent comme dans un domicile sacré où nul camarade n'a le droit de venir troubler la tranquillité domestique. Si l'un deux s'approche pour visiter les pénates de ses voisins, il s'ensuit toujours un combat terrible, qui ne finit qu'à la mort du propriétaire du rocher ou à la retraite forcée de l'indiscret. Ordinairement c'est la jalousie qui occasionne ces combats; mais il semble qu'il y ait aussi une sorte d'instinct de la propriété. Ils ne s'emparent jamais d'un espace plus grand qu'il n'est rigoureusement nécessaire pour leur famille, et ils souffrent volontiers des voisins, pourvu qu'ils s'établissent au moins à cinquante pas de distance. Il y a plus : quand la nécessité l'ordonne, trois ou quatre familles se partagent une caverne, une roche, ou même un glaçon, mais chacun vit à la place qui lui est échue en partage, sans jamais se mêler aux individus d'une autre famille.

Il est rare qu'un mâle n'ait pas trois ou quatre femelles. Il a pour elles beaucoup d'affection, et les défend avec courage contre toute attaque. C'est surtout pendant que ses femelles sont pleines et quand elles mettent bas qu'il redouble de soins et de tendresse pour elles. Il les conduit sur terre, leur choisit, à cinquante pas du rivage, une place commode et tapissée de mousses aquatiques pour y allaiter leurs petits. Dès que la femelle a mis bas, elle cesse d'aller à la mer pour ne pas abandonner son enfant un seul instant ; mais cette privation n'est pas de longue durée,

car, après douze à quinze jours, il est en état
de se traîner tant bien que mal, et elle le
conduit à l'eau. De quoi vit-elle pendant
qu'elle est à terre? Voilà une question que
n'ont pu résoudre les naturalistes, faute
d'observations suffisantes. Peut-être que le
mâle va pêcher pour elle et lui apporte sa
nourriture. Ce qui me le ferait croire, c'est
que beaucoup d'animaux moins intelligents
agissent ainsi. Quand le petit est arrivé à la
mer, la femelle lui apprend à nager, après
quoi elle le laisse se mêler pour jouer au
troupeau des autres phoques, mais sans pour
cela cesser de le surveiller. Lorsqu'elle prend
fantaisie de gagner la terre pour l'allaiter,
elle pousse un cri ayant, dans le phoque ordinaire, un peu d'analogie avec l'aboiement
d'un chien, et aussitôt le petit s'empresse
d'accourir à sa voix, qu'il reconnaît fort bien.
Elle l'allaite pendant cinq ou six mois, le
soigne pendant fort longtemps, mais aussitôt
qu'il est assez fort pour subvenir à ses besoins,
le mâle le chasse et le force d'aller s'établir
ailleurs.

C'est pendant la tempête, lorsque les éclairs
sillonnent un ciel ténébreux, que le tonnerre

gronde et que la pluie tombe à flots, que les phoques aiment à sortir de la mer pour aller prendre leurs ébats. Au contraire, quand le ciel est beau et que les rayons du soleil échauffent la terre, ils semblent ne vivre que pour dormir, et d'un sommeil si profond, qu'il est fort aisé, quand on les surprend en cet état, de les approcher pour les assommer avec des perches ou les tuer à coups de lance. A chaque blessure qu'ils reçoivent, le sang jaillit avec une grande abondance, les mailles du tissu cellulaire graisseux étant très fournies de veines ; cependant ces blessures, qui paraissent si dangereuses, compromettent rarement la vie de l'animal, à moins qu'elles ne soient très profondes ; pour le tuer, il faut atteindre un viscère principal ou le frapper sur la face avec un pesant bâton. Mais on ne l'approche pas toujours facilement, parce que, lorsque la famille dort, il y en a toujours un qui veille et qui fait sentinelle pour réveiller les autres s'il voit ou entend quelque chose d'inquiétant. On est obligé de lutter, pour ainsi dire, corps à corps avec eux, et de les assommer, car un coup de fusil, quelle que soit la partie où la balle les aurait frappés,

ne les empêcherait pas de regagner la mer,
tellement ils ont la vie dure. Quand ils se
voient assaillis, ils se défendent avec courage ;
mais, malgré leur gueule terrible, cette lutte
est sans danger, parce qu'ils ne peuvent se
mouvoir assez lestement pour ôter le temps
au chasseur de se dérober à leur atteinte.
Faute de pouvoir faire autrement, ils se jet-
tent sur les armes dont on les frappe, et les
brisent entre leurs redoutables dents. Entre
les muscles et la peau les phoques ont une
épaisse couche de graisse, dont on tire une
grande quantité d'huile qui s'emploie aux
mêmes usages que celle de baleine, et qui a
sur elle l'avantage de n'avoir pas d'odeur.
Quelques espèces de cette famille ont une
fourrure plus ou moins grossière, dont néanmoins on fait des habits chez les peuples du
Nord. Les Américains emploient les peaux
les plus grossières à un usage singulier : ils
en ferment hermétiquement toutes les ouver-
tures et les gonflent d'air comme des vessies ;
ils en réunissent une demi-douzaine, plus ou
moins, les fixent au moyen de cordes, placent
dessus des joncs ou de la paille, et forment
ainsi de très légères embarcations, sur lesquel-

les ils osent entreprendre de longs voyages
sur leurs grands fleuves et leurs immenses
lacs. Avec ces peaux, les Kamtschadales font
des baïdars, sorte de pirogue; ils font aussi de
la chandelle avec la graisse, qui en même
temps est une friandise pour eux. La chair
fraîche de ces animaux est leur nourriture
ordinaire, quoiqu'elle soit très coriace et
qu'elle ait une odeur forte et désagréable; ils
en font sécher au soleil, ou ils la fument, pour
leur provision d'hiver. Les Anglais et les Américains de l'Union sont les seuls peuples, je
crois, qui fassent en grand, et sous le rapport
commercial, la chasse des phoques. Ils entre-
tiennent chaque année plus de soixante navires
de deux cent cinquante à trois cents tonneaux
au moins, uniquement équipés pour cet objet.

Pris jeune, le phoque se prive parfaitement
et s'attache à son maître, pour lequel il
éprouve une affection aussi vive que celle du
chien. De même que ce dernier, il reconnaît
sa voix, lui obéit, le caresse, et acquiert facilement la même éducation, en tout ce que son
organisation informe lui permet. On en a vu
auxquels des matelots avaient appris à faire
différents tours, et qui les exécutaient au

commandement avec assez d'adresse et beaucoup de bonne volonté. A une grande douceur
de caractère le phoque joint une intelligence
égale à celle du chien. Aussi est-il remarquable que de tous les animaux il est celui
qui a le cerveau le plus développé, propor-
tionnellement à la masse de son corps. Il est
affectueux, bon, patient; mais il ne faut pas
que l'on abuse de ces qualités en le maltrai-
tant mal à propos, car alors il tombe dans le
désespoir, et il devient dangereux. Pour le
conserver longtemps et en bonne santé, il
est indispensable de le tenir, pendant la plus
grande partie du jour et surtout lors de ses
repas, dans une sorte de cuvier ou de grand
vase à demi rempli d'eau; la nuit on le fait
coucher sur la paille. Ainsi traité, et nourri
avec du poisson, on peut le garder vivant pendant plusieurs années. Mais s'il a déjà quitté
sa mère depuis quelque temps quand on le
prend, le chagrin de l'esclavage s'empare de
lui, il est triste, boudeur, refuse de manger,
et ne tarde pas à mourir.

Les phoques manquent généralement d'o-
reille externe; leur corps est entièrement
couvert d'un poil doux, soyeux et **lustré** chez

les uns, grossier, rude et hérissé dans d'autres.
Leurs pieds, larges et membraneux, ont cinq
doigts ; et les pattes sont soudées longitudina-
lement à la queue, ce qui leur donne absolu-
ment la forme échancrée d'une queue de poisson. En nageant, ils lèvent au-dessus de l'eau
leur tête arrondie, portant de grands yeux vifs
et pleins de douceur ; leurs épaules arrondies
paraissent aussi à la surface, de manière que,
vus à une certaine distance, on a fort bien pu
les prendre pour des figures humaines, et de
là sans aucun doute, les anciens ont tiré leur
fable des sirènes. Ce qui donne de la vraisem-
blance à cette conjecture, c'est que, même
dans des temps peu reculés, au seizième siècle,
par exemple, Rondelet, le meilleur naturaliste
de l'époque, voyait encore dans le *Phoca cris-
tata* un moine ou un évêque marin, parce
probablement le christianisme ne permettait
plus d'y voir un triton ou une sirène. « De
notre temps, dit-il, en Nortuége (Norvége),
on a pris un monstre de mer, après une
grande tourmente, lequel tous ceux qui le
virent incontinent lui donnèrent le nom de
moine, car il avait la face d'homme, mais
rustique et mi-gracieux, la teste rase et lize ;

sur les espaules, comme un capuchon de moine, deux longs ailerons au lieu de bras; le bout du corps finissant en une queue large. Entre les bestes marines, Pline fait mention de l'homme marin et du triton comme choses non feintes. Pausanias aussi fait mention du triton. J'ai veu un pourtrait d'un autre monstre marin à Rome, où il avait esté envoyé avec lettres par lesquelles on assurait pour certain que, l'an 1531, on avait veu ce monstre en habit d'évesque, comme il est pourtrait, pris en Pologne et porté au roi dudit pays, faisant certains signes pour monstrer qu'il avait grand désir de retourner en la mer, où estant amené se jeta incontinent dedans. »

Le morse n'est à proprement parler qu'une variété du phoque, avec lequel il a de nombreuses analogies tant par les formes du corps que par les mœurs et les habitudes de la vie. Cependant il a moins d'intelligence, et, par suite, moins de douceur dans le caractère. Eward Worst dit avoir vu en Angleterre un de ces animaux âgé de trois mois que l'on ne pouvait toucher sans le mettre en colère, et même le rendre furieux. La seule chose que l'éducation ait pu obtenir de lui était de le faire suivre son maître en grondant, quand il lui présentait à manger. Cet animal habite toutes les parties de la mer Glaciale, mais il est bien moins commun qu'autrefois. « J'ai vu à Jakutzk, dit Gmelin, quelques dents de morse qui avaient cinq quarts d'aune de Russie, et d'autres une aune et demie de longueur; communément elles ont jusqu'à quatre pouces de largeur à la base. Je n'ai pas entendu dire qu'auprès d'Anadirskoi l'on ait jamais chassé ou pêché de morse pour en avoir les dents, qui néanmoins en viennent en si grande quantité; on m'a assuré, au contraire, que les habitants trouvent ces dents, détachées de l'animal, sur la basse côte de la mer, et que par conséquent on n'a pas besoin de tuer auparavant les morses. Plusieurs personnes m'ont demandé si les morses d'Anadirskoi étaient une espèce différente de ceux qui se trouvent dans la mer du Nord et à l'entrée occidentale de la mer Glaciale, parce que les dents qui viennent de ce côté oriental sont beaucoup plus grosses que celles qui viennent de l'Occident, » etc. Gmelin ne résout pas cette question, et Buffon en donne une solution qui me paraît être une erreur. « On n'apporte d'Ana-

2

dirskoi, dit-il, que des dents de ces animaux morts de mort naturelle; ainsi il n'est pas surprenant que ces dents, qui ont pris tout leur accroissement, soient plus grandes que celles du morse de Groenland, que l'on tue en bas âge. »

Pour admettre cette hypothèse, il faudrait admettre aussi que jamais dans le Groenland les morses n'atteignent toute leur grandeur, et que tous ceux que l'on tue, sans exception, sont jeunes, puisque leurs dents sont, aussi sans exception, beaucoup plus petites que celles apportées d'Anadirskoi. Cette proposition n'est pas soutenable. Voici une autre difficulté : il est certain qu'on ne trouve presque plus de morses aux environs d'Anadirskoi, et que ceux qui s'y montrent de loin en loin ne dépassent pas douze pieds de longueur; or, un morse qui aurait des dents longues d'une aune et demie russe devrait avoir le corps au moins de trente-cinq pieds de longueur, ce qui ne s'est jamais vu, puisque les plus grands que l'on ait observés ne dépassent pas douze à quatorze pieds. Je pense que l'ivoire trouvé sur les bords de la mer, aux environs d'Anadirskoi. n'est rien autre chose

que les dents fossiles d'un grand morse dont
l'espèce ne se trouve plus vivante. Ce qui me
fait ajouter foi à cette hypothèse, c'est que
dans le même pays on rencontre des collines
entières composées presque en totalité d'osse-
ments de mammouths, de rhinocéros et
autres animaux perdus, et que l'on possède
au cabinet de Saint-Pétersbourg des défenses
de mammouths dont l'ivoire est aussi parfaitement conservé que s'il avait été pris sur des
animaux vivants.

Les morses ne peuvent pas toujours se
trouver près des côtes, à cause des glaces qui
en défendent l'approche. Aussi ils élisent leur
domicile sur des glaçons, et il arrive parfois
que c'est sur cette habitation flottante que la
femelle fait un ou deux petits en hiver. Le
petit, en naissant, est, dit-on, de la grosseur
d'un cochon d'un an. Elle l'allaite et le soigne
avec tendresse, et le défend avec fureur.
Lorsque ces animaux vont à terre ou montent
sur un glaçon, ils se servent de leurs défenses
pour s'accrocher et de leurs mains pour faire
avancer la lourde masse de leur corps. Il
paraît qu'ils se nourrissent de varechs et
autres herbes marines aussi bien que de substances animales.

Malgré les dangers d'une navigation dans des mers couvertes de glaces, les vaisseaux baleiniers de plusieurs peuples du Nord vont y pêcher les morses non-seulement pour avoir les dents, qui fournissent un ivoire plus dur, plus compacte et plus blanc que celui de l'éléphant, mais encore pour extraire de leur graisse une huile abondante, meilleure que celle de baleine, et pour s'emparer de leur peau, dont on fait un cuir très fort et d'excellentes soupentes de carosse. Autrefois on trouvait sur certains rivages d'immenses troupeaux de morses, et il n'était pas rare d'en tuer jusqu'à douze à quinze cents dans une seule chasse ; mais aujourd'hui on ne les rencontre guère qu'en petites troupes ou en familles. Dans la mer on les harponne de la même manière que les baleines ; si on les trouve sur le rivage, on les tue à coups de lance. Quand un morse se sent blessé, il entre dans une fureur effrayante ; dans l'impuissance de pouvoir poursuivre et atteindre son ennemi, il frappe la terre de côté et d'autre avec ses défenses ; il brise les armes du chasseur imprudent, et les lui arrache des mains ; enfin, enragé de colère, il met sa tête

entre ses pattes ou nageoires, et profitant de
la pente du rivage, il se laisse ainsi rouler
dans la mer. Si on les attaque dans l'eau et
qu'ils soient en grand nombre, la protection
qu'ils s'accordent mutuellement les rend très
audacieux. Dans ce cas ils ne fuient pas : ils
entourent les chaloupes, et cherchent à les
submerger en les perçant avec leurs dents, ou
à les renverser en frappant contre les bor-
dages, dont ils enlèvent de grandes portions.
Dans ces occasions, et dans les combats qu'ils
livrent quelquefois aux ours blancs et dont
ils sortent toujours vainqueurs, il leur arrive
quelquefois de perdre une de leurs armes, et
celle qui leur reste n'en est pas moins terrible.
Si on est parvenu à en harponner un, presque
toujours on en prend plusieurs, car ils font
tous leurs efforts pour défendre leur camarade
et le délivrer. Si, effrayés par le nombre de
ces animaux, par leurs efforts et surtout par
les mugissements furieux dont ils frappent les
airs dans ces occasions, les pêcheurs croient
prudent de prendre la fuite, les morses poursuivent fort loin la chaloupe qui les emporte,
et n'abandonnent leur projet de vengeance
que lorsqu'ils ont perdu l'embarcation de vue.
(*OEuvres* de M. Boitard.)

2.

L'OURS BLANC.

Comme tous les ours, à la famille desquels il appartient, l'ours blanc est plantigrade, c'est-à-dire qu'il marche sur la plante entière des pieds, qu'il a toujours dépourvus de poils en-dessous ; aussi peut-il assez facilement se tenir debout sur ses pieds de derrière. Il a cinq doigts à tous les pieds.

L'ours blanc a plusieurs noms : *ursus maritimus, ursus albus, ours de la mer Glaciale* et *ours polaire*, sont des appellations sous lesquelles on le trouve également désigné soit par les naturalistes, soit par les voyageurs. Cet animal est connu de tout le monde par les exagérations des voyageurs, et par les contes qu'ils nous ont débités sur sa grandeur, sa voracité et son courage intrépide. Quand nous aurons réduit toutes ces histoires à leur juste valeur, on sera fort étonné de ne trouver dans l'ours blanc que les mœurs ordinaires des animaux de son genre, mais accompagnées d'une stupidité que l'on a prise pour du courage. Les plus grands individus de cette espèce ne dépassent jamais six pieds et demi (2,111), et les voyageurs qui affirment en avoir vu de treize pieds (4,223) mentent juste du double. Sa tête est fort allongée, son crâne aplati, sur la même ligne que le chanfrein ; son œil est petit et noir, ainsi que le museau et l'intérieur de la gueule ; son cou est très-long, et sa plante des pieds est d'une largeur remarquable ; tout son corps est couvert de poils blancs, longs et soyeux.

Habitant les glaces éternelles du pourtour du pôle boréal, les côtes du Groenland, du Spitzberg, en un mot les parties les plus froides de la terre, il a dû contracter des habitudes en harmonie avec ces climats rigoureux. L'été, retiré dans les terres, il erre dans les forêts et mange les graines, les fruits et même les racines qu'il y rencontre ; ce qui ne l'empêche pas cependant de dévorer les cadavres des animaux, quand il en trouve. C'est là qu'il fait ses petits, qu'il les allaite sur un lit de mousse et de lichen, et qu'il les habitue peu à peu à manger des substances animales. Mais, dans ces malheureux climats, la saison des beaux jours est trop courte, et bientôt la neige, qui couvre le pays, force l'ours blanc à quitter les forêts, où il ne trouve plus de nourriture, et à venir sur le bord de la mer, suivi non-seulement de sa famille, mais encore d'une troupe nombreuse que la famine a également exilée des bois. Cette sorte de sociabilité qui les réunit est un caractère qui distingue cette espèce, car toutes les autres ont une vie solitaire et restent dans un isolement sauvage. Pendant ce petit voyage, ils se préparent à combattre les grands animaux marins en attaquant les rennes et autres êtres timides qu'ils rencontrent sur leur route. Bientôt de chasseurs maladroits ils deviennent excellents pêcheurs, et ils poursuivent jusqu'au fond des ondes les poissons et les mammifères amphibies, qui deviennent leur proie. Ils s'habituent à plonger et à rester longtemps sous l'eau ; ils nagent avec aisance et rapidité, et peuvent faire ainsi plusieurs lieues sans se reposer. Mais si une course trop longue les fatigue, ils cherchent un glaçon entraîné par le courant ou poussé par le vent, ils montent dessus, et cette singulière barque les porte souvent à une très grande distance.

C'est ainsi qu'en Islande et en Norvége on voit quelquefois arriver sur des glaçons flottants des bandes d'ours affamés au point de se jeter sur tout ce qu'ils rencontrent. C'est alors qu'ils sont terribles pour les hommes et les animaux, et cette circonstance tout à fait accidentelle, mais qui se renouvelle chaque année, n'a pas peu contribué à leur réputation de courage et de férocité. Quelquefois, entraînés dans la haute mer par les glaces, ils ne peuvent plus regagner la terre ni quitter leur île flottante ; alors ils meurent de faim ou se dévorent les uns les autres.

Sans cesse furetant sur les glaces au bord de la mer, leur proie ordinaire consiste en phoques, en jeunes morses, et même en baleineaux, qu'ils osent attaquer à la nage à plus d'une demi-lieue de la côte. Ils se réunissent cinq ou six pour cela ; mais malgré leur nombre, ils ne réussissent pas toujours, parce que la baleine accourt à la défense de son petit, et, avec sa terrible queue, étourdit, assomme ou noie les agresseurs. Le phoque, malgré ses puissantes mâchoires, ne leur offre guère de résistance, parce qu'ils s'approchent de lui doucement et sans bruit pendant son sommeil, le saisissent derrière la tête et lui brisent le crâne avant qu'il ait pu opposer la moindre résistance. Il n'en est pas de même du morse : plus défiant que le phoque, il est rare qu'ils parviennent à tromper sa vigilance. Le corps porté sur les pattes ou plutôt sur les nageoires de devant, la tête droite et élevée, il leur présente ses formidables défenses, les frappe, leur perce le corps et les renverse mortellement blessés ; puis, forcé par le nombre de battre en retraite, il se lance à la mer et disparaît aux yeux de ses ennemis, qui le poursuivent avec autant d'acharnement que d'inutilité.

L'ours blanc, dans les contrées qu'il habite, n'a jamais rencontré un être assez fort pour le vaincre, ce qui fait que la crainte est pour lui un sentiment étranger, mais dont il est cependant très susceptible. N'ayant jamais éprouvé de lutte sérieuse, il ignore le danger, et sa stupidité l'empêche de le reconnaître lorsqu'il l'aperçoit pour la première fois. Aussi l'a-t-on vu venir d'un pas délibéré attaquer seul une troupe de matelots bien armés, et l'on a pris cela pour du courage. D'autres fois il s'élance à la nage, va sans hésitation tenter l'abordage d'une chaloupe montée de plusieurs hommes, d'un vaisseau même, et il périt victime, non de son intrépidité, mais de sa stupide imprudence. S'il sent de la résistance, s'il est blessé, il cesse honteusement le combat et fuit lâchement : ce que ne font jamais l'ours brun, le tigre, et quelques autres animaux doués d'un véritable courage. Les marins qui ont hiverné dans le nord ont toujours été inquiétés par ces animaux, qui venaient flairer leur proie jusqu'à la porte de leur cabane, et qui grimpaient même sur le toit pour essayer de pénétrer par la cheminée. Mais toutes les fois qu'on les recevait à coups de fusil ou même à coups de lance, les ours se hâtaient de prendre la fuite, ou du moins n'essayaient pas de soutenir une lutte.

On a dit que l'ours blanc se retire en hiver dans des trous creusés sous la neige, et qu'il y reste en état complet de léthargie jusqu'au retour de la belle saison. Je ne soutiendrai pas que ce fait est faux, mais je dois dire qu'il me paraît très douteux. La ménagerie du Jardin des Plantes a possédé plusieurs ours blancs, et jamais on ne les a vus plus vifs, plus éveillés, si je puis le dire, que pendant les froids les plus rigoureux de l'hiver. S'ils paraissent languissants et faibles, c'est lorsque la température de l'été se trouve à un degré assez élevé. J'ai vu le froid descendre à Paris à vingt degrés du thermomètre de Réaumur, c'est-à-dire presque aussi bas que dans la Nouvelle-Zemble, et cependant l'ours blanc qui habitait un des fossés du jardin ne paraissait pas plus engourdi que de coutume. Ensuite, si on lit attentivement les voyageurs, on verra que c'est précisément dans la saison où le froid est le plus rigoureux que les ours se rencontrent le plus fréquemment sur le bord de la mer. La femelle met bas au mois de mars, et l'on prétend qu'elle ne fait qu'un ou deux petits, très rarement trois; du reste, on n'a guère pu s'assurer de ce fait, et l'on en juge par le nombre d'oursons dont elle est ordinairement suivie. Le cri de ces animaux ressemble plutôt, dit-on, à l'aboiement d'un chien enroué qu'au murmure grave des autres espèces d'ours. Dans la servitude il ne se montre susceptible d'aucune éducation, d'aucun attachement, et il reste constamment d'une sauvagerie brutale et stupide (*OEuvres* de Boitard.)

L'ours polaire, dit un voyageur, passe la

plus grande partie de sa vie sur la glace à la poursuite des diverses espèces de phoques. C'est un des quadrupèdes qui remonte jusqu'aux latitudes les plus élevées, car on le trouve au Spitzberg, à Nova-Zembla, dans le Groenland et aux îles de Parry. Les femelles, lorsqu'elles sont sur le point de mettre bas, hivernent sous la neige ; mais les mâles et les autres femelles voyagent à travers les glaces à la recherche d'une mer libre. Ce fait a été parfaitement établi en 1826-1827, lorsque le baleinier *le Dundee* hiverna dans la baie de Baffin. Ce bâtiment se trouva pris dans les glaces au mois de septembre sous le soixante-quatorzième degré de latitude, et se dégagea au mois d'avril sous le soixante-deuxième degré, les glaces amoncelées dont il se trouvait environné ayant descendu la baie de Baffin et s'étant dirigées obliquement vers le détroit de Davis dans un espace de huit mois. Vers le commencement du mois de février, lorsque le navire se trouvait sous le soixante-huitième degré quarante-cinq minutes latitude nord, on harponna une baleine à une distance d'environ soixante milles de la terre, et une grande quantité d'ours, de renards et de requins vinrent se repaître des morceaux qu'on jetait à la mer, à la grande joie de l'équipage, qui ne demandait pas mieux d'ajouter à ses maigres provisions la chair des ours et des requins qu'il put réussir à tuer. (BACK, *Narrative of the Arctic Land expedition, 1833-34-35*, Paris, Baudry, 1836, page 253.)

LES TOROSES ET LES BANQUISES.

Nous ne pûmes nous mettre immédiatement en route à cause du chasse-neige épais qui obscurcissait l'atmosphère. Mais le lendemain soir le vent tourna à l'ouest-nord-ouest; il continua à augmenter, finit par se transformer en tempête, et brisa la glace près de notre campement. Nous nous réfugiâmes sur un grand glaçon d'environ cent mètres en largeur. Cependant la violence de l'ouragan ébranlait la glace; de nouvelles crevasses se formaient, les anciennes s'agrandissaient, et plusieurs étaient d'une largeur énorme. De quelque côté que l'on portât ses regards on n'apercevait que des glaces brisées et une mer furieuse. Tout-à coup le glaçon sur lequel nous nous trouvions se détache, et, soulevé par la vague, part et flotte au gré des vents, emportant les voyageurs, qui s'attendent à être engloutis d'un moment à l'autre!... C'est dans cette situation lamentable que nous passâmes une partie de la nuit dans une obscurité complète et dans de mortelles angoisses. Mais le vent se calma, et le glaçon, qui par bonheur ne s'était point brisé, fut poussé avant le jour contre des glaçons immobiles, où il s'arrêta. Sur ces entrefaites la gelée survint et souda notre glaçon à ceux qui l'entouraient, en sorte que nous nous trouvâmes de nouveau, le 18 mars (1823) au soir, sur une plaine de glace immobile.

Le péril auquel nous venions d'échapper par miracle ne nous fit pas renoncer à essayer de pénétrer plus au nord. Je repartis le 19, à travers des rochers de glace. Il fallut travailler à coups de pic pendant toute cette journée, traverser souvent de larges crevasses dans une glace à peine formée qui s'effondrait sous les traîneaux ou contourner d'autres crevasses qu'il n'y avait aucun moyen de franchir. Nous campâmes, après avoir fait dix verstes, près d'une haute montagne de glace que je me hâtai de gravir.

Le 20 mars, le vent acheva de s'apaiser et le temps s'éclaircit. L'horizon, vers le nord, se couvrit d'une épaisse vapeur d'un bleu presque noir. Il faisait 19 degrés de froid. D'énormes blocs de glace, amoncelés les uns sur les autres, formaient en cet endroit une muraille impossible à franchir. Nous prîmes le parti de faire route à l'ouest-nord-ouest; mais huit verstes seulement avaient été parcourues, lorsque nous rencontrâmes une énorme crevasse sur laquelle s'étendait une couche de glace très mince et parfaitement lisse. On ne pouvait songer à la contourner, car elle s'étendait de côté et d'autre à perte de vue. Nous prîmes le parti de passer la nuit sur place.

Le lendemain matin, notre premier soin fut d'examiner l'état de la mer. Comme les terosses qui garnissaient le bord opposé de la crevasse paraissaient moins escarpés que ceux à travers lesquels nous avions passé la veille, je conçus l'espoir de m'avancer dans le nord. Le seul moyen qu'il y eût de mettre ce projet à exécution était de traverser la crevasse : les guides ne pensaient pas que la chose fût praticable. Tout mon espoir reposait dans l'extrême vitesse des chiens lorsqu'ils sont lancés sur une surface unie. Décidé à tenter le passage coûte que coûte, je plaçai les quatre nartas (traîneaux) au bord de la crevasse, à une certaine distance les unes des autres ; elles partirent en même temps, la glace craquait et s'effondrait sous elles ; mais, glissant avec une vitesse inouïe, elles étaient enlevées avant d'avoir eu le temps d'enfoncer ; les chiens eux-mêmes, paraissant comprendre l'imminence du péril, redoublèrent d'ardeur et nous déposèrent bientôt sains et saufs sur l'autre bord. Les pauvres animaux étaient haletants, il fallut leur accorder quelques moments de repos..... (DE WRANGELL. *Le nord de la Sibérie, voyage parmi les peuplades de la Russie asiatique et dans la mer Glaciale,* Paris, Amyot, 1848, t. II, pages 279-80-81.)

LE RENNE.

La chasse est pour les peuplades sauvage des régions arctiques, non pas une heureuse distraction, comme pour les heureux de notre monde civilisé, mais un rude et pénible labeur auquel elles sont forcés de demander des moyens d'existence que ne saurait leur fournir cette terre stérile et glacée.

Plusieurs espèces de gibier peuplent les bois, les montagnes, et jusqu'aux fleuves du pays des Esquimaux; mais le renne est sans contredit le plus important : la chasse de cet animal est tout un drame. Un voyageur raconte qu'un jour il se trouva au milieu d'une peuplade dont la population était en rumeur : on venait de signaler les rennes. A cette nouvelle, tous ceux qui pouvaient manier une rame se jetèrent dans les bateaux, et allèrent s'embusquer dans les anfractuosités et les replis du rivage, où les chasseurs ont coutume d'attendre leur proie. Tout-à-coup les rennes débouchèrent en s'avançant vers la rivière; leurs troupes étaient innombrables et divisées en groupes d'environ quatre cents têtes, si rapprochés les uns des autres, qu'on eût dit un seul et immense troupeau. Tout cela se précipitait avec une rapidité effrayante en soulevant des nuages de poussière, et la terre ébranlée sous les pieds de cette multitude résonnait comme l'écho d'un tonnerre lointain; puis l'immense troupeau se précipita dans le fleuve, qui dans un instant se couvrit de têtes cornues, et sembla rouler dans son lit des vagues animées. C'était là le moment qu'attendaient les chasseurs ; et les rennes ne furent pas plus tôt à l'eau que les bateaux les approchant et les entourant, chacun s'efforça de les retenir et de les empêcher de gagner le rivage. Pendant ce temps, deux ou trois chasseurs des plus habiles et des plus expérimentés de la bande pénétrèrent sur de légères embarcations au milieu des rennes à la nage, et se mirent à les égorger à coups de piques et de couteaux avec une vitesse extraordinaire. En moins de rien la rivière se teignit de sang, et l'on vit au-dessus de ses ondes rougies flotter en grand nombre des cadavres inanimés.

Les chasseurs chargés d'égorger les rennes doivent avoir une grande habitude de ce genre de chasse, le coup d'œil assez sûr et la main assez exercée pour que chaque coup qu'ils portent soit mortel et suffise sinon pour tuer l'animal sur-le-champ, ce qui arrive pourtant le plus souvent, au moins pour lui faire une blessure assez grave pour qu'il expire en atteignant le rivage. Cette chasse n'est pas sans grands dangers pour les chasseurs ; leur petite nacelle est exposée à se briser à chaque instant, ou bien à chavirer au milieu de la foule pressée et confuse des rennes, qui, rendus furieux par une pareille attaque, se tournent souvent contre leurs adversaires, qu'ils poursuivent à leur tour avec tout le courage du désespoir. Les mâles mordent, poussent des ruades et donnent des coups de cornes, tandis que les femelles s'efforcent, en lançant leurs jambes de devant dans l'embarcation, de la culbuter ou de la faire couler à fond. C'est un spectacle aussi émouvant qu'étrange que ces milliers de rennes à la nage, les cris des blessés, les bramements douloureux des mourants, le bruit sourd des cornes agitées qui se heurtent et s'entrechoquent, les vociférations de tous les traqueurs, le sang qui coule et rougit la rivière, et surtout l'aspect de ces hommes sauvages, qui, semblables aux démons du carnage, tout ruisselants de sang de la tête aux pieds, ne lèvent le bras que pour frapper, et ne poussent leurs barques au milieu de ce tumultueux troupeau que pour y porter la destruction et la mort.

Pour être un habile tueur de rennes, il faut être en état d'en abattre au moins cent dans une demi-heure. Le rôle des autres chasseurs n'est point inactif pendant toute cette tuerie ; ce sont eux qui saisissent les rennes morts et les attachent avec des courroies à leurs bateaux. Après qu'on a ainsi recueilli tout le butin et qu'on a fait le partage, on plonge les rennes tués dans l'eau ; car il suffirait que la chair demeurât quelques heures exposée à l'air pour qu'elle se corrompît, tandis que dans l'eau courante, au contraire, elle se conserve fraîche pendant plusieurs jours. La chair qui provient de ces chasses étant destinée à faire des provisions d'hiver, on la conserve de plusieurs manières, soit en la fumant,, soit en la séchant à l'air, ou bien encore en la faisant geler, lorsque l'hiver est assez précoce pour permettre l'emploi de ce dernier moyen.

Malgré les ressources de la chasse et celles bien plus considérables qui proviennent de la pêche, les pauvres habitants du Nord sont exposés à de fréquentes disettes. Le printemps est d'ordinaire la saison où la faim leur fait sentir ses inexorables rigueurs ; c'est l'époque où les provisions d'hiver étant épuisées, le poisson réfugié dans les eaux profondes ne se montre point encore dans les rivières. La chasse est alors, comme la pêche, interdite au malheureux Esquimau; car ses chiens, épuisés comme lui par les longs jeûnes, ne sont point de force à le transporter dans son traîneau à la suite de l'élan ou du renne, et c'est à peine s'il parvient à attraper au piége quelques misérables oiseaux, qui ne sont pour son estomac affamé qu'une insignifiante ressource. Aussi presque chaque année la famine, sous son aspect le plus hideux, vient désoler ces pays stériles, et il n'est pas rare de rencontrer des troupes de malheureux, l'œil hagard, la face livide et décharnée, errant à l'aventure, plus semblables à des spectres qu'à des êtres animés. « J'en vis même un jour, raconte un voyageur, spectacle aussi propre à inspirer la pitié que le dégoût, acharnés sur les restes à moitié pourris d'un renne mort de maladie, que le hasard avait placé sous leurs pas ; des loups ne se fussent pas montrés plus voraces. Rien ne fut dédaigné : les os et la peau furent broyés sous leurs dents, aiguisées par

l'excès de leurs longues souffrances. Nous of-
frîmes à ces malheureux une portion des vi-
vres que nous emportions avec nous ; mais la
prudence nous commandait de ne pas nous
démunir entièrement, et nous fûmes forcés de
quitter ces pauvres gens sans avoir pu nous
procurer la satisfaction d'assouvir la faim
atroce qui déchirait leurs entrailles. »

Le renne, dont nous venons de décrire la
chasse dans les lignes précédentes, est le
cervus tarandus, ou caribou, ainsi que le
nomment les voyageurs canadiens ; il compte
deux espèces : la plus nombreuse est celle qui
habite les parties boisées du pays, principa-
lement la côte, et qu'on rencontre aussi sur
les montagnes. La seconde variété, plus petite, fréquente les terres désertes, et se retire
au fond des bois lorsque l'hiver approche ;
mais pendant l'été elle voyage vers les côtes
et les îles de la mer Arctique. La dernière
espèce se nourrit d'herbe, mais sa principale
ressource consiste dans les nombreux lichens
qui croissent en si grande abondance dans
ces régions abandonnées. Le renne fournit de
la nourriture et des vêtements aux Indiens
Dog-Ribs, aux Indiens Cuivre, aux Che-

pewyans et aux Esquimaux ; mais aucune des
tribus américaines n'a réussi, comme les La-
pons,, à en faire un animal domestique.
Toutes les parties de l'animal se mangent,
jusqu'au contenu de l'estomac, et sa langue,
à moitié séchée et rôtie, est un des morceaux
les plus délicats que les pays à fourrures puis-
sent fournir à un gastronome. La chair du
renne, lorsqu'elle est en bonne condition,
est non-seulement supérieure à celle du bison
ou du *cervus alces* (moose-deer), mais je
trouve qu'elle surpasse même le meilleur
mouton et la meilleure venaison que produise
l'Angleterre. Néanmoins, lorsque l'animal est
maigre (et cela est le cas pendant la plus
grande partie de l'année), sa chair n'est ni
nourrissante ni agréable, et alors celle du
malheureux bœuf musqué, le plus coriace
des êtres ruminants de ces contrées, lui est
seule inférieure. La femelle porte des cornes
aussi bien que le mâle, mais elle les a plus
petites et moins palmées, et elle les mue à
une époque différente. Les peaux de six ou
sept jeunes rennes, qu'on tue en automne,
forment, lorsqu'elles sont convenablement
préparées et cousues ensemble, une robe ou

une couverture, dont les Indiens du Nord se servent constamment pendant l'hiver. Elles composent un vêtement à la fois léger et chaud, parfaitement adapté au climat, et qui garantit du froid durant les nuits les plus froides. (BACK, *Narrative of the Artic Land expedition*, 1833-34-35. Paris, Baudry, pages 257-258.)

LE RENARD POLAIRE.

Le renard polaire (*lupus lagopus*) est un animal d'une grande douceur et d'une grande beauté. Il habite les terres désertes au nord des forêts, et surtout les îles et les rivages de la mer Arctique, où il élève ses petits. En hiver, il erre au loin à la recherche de sa nourriture, et à certaines époques voyage dans les endroits boisés. Il s'avance aussi sur la glace à une distance considérable de la terre, et, selon Fabricius, déploie beaucoup d'astuce et d'adresse à attraper diverses espèces de poissons. La fourrure de cet animal change du gris au blanc lorsque l'hiver survient ; mais quoique les soies en soient longues et épaisses, elle est inférieure en qualité à celle du *vul-*

pes fulvus. Le capitaine Lyons et d'autres voyageurs arctiques donnent des détails fort curieux sur cet intéressant quadrupède. Même au milieu de l'hiver on rencontre certains individus de l'espèce auxquels la couleur de leur pelage a valu le nom de *renards bleus.* (BACK, *Narrative of the Artic Land expedition,* 1833 34-35. Paris, Baudry, 1836, p. 255.)

LE LIÈVRE POLAIRE.

Le lièvre polaire (*lepus glacialis*) peut être considéré comme le représentant américain du *lepus variabilis* des régions alpines du nord de l'Europe. Cependant, comme c'est un animal d'un plus grand volume et qui offre plusieurs traits caractéristiques, le docteur Leach a cru devoir le classer à part. Il habite les terres inhabitées et les îles de la mer Arctique jusqu'à la 75ᵉ parallèle, se nourrissant des petits arbustes qui croissent dans ces latitudes élevées, tels que le saule arctique, l'arbousier des Alpes, la brimbelle, le thé du Labrador ; recherchant les endroits rocailleux où il peut trouver des abris, et se creusant des gîtes dans la neige pendant l'hiver. En été, la partie supérieure de son pelage est grisâtre, mais l'hiver la rend complètement blanche, à l'exception du bout des oreilles, qui reste blanc en toute saison. Une autre espèce du *lepus variabilis* fréquente les prairies jusqu'à la 55° parallèle, et on la dit même fort commune dans les montagnes des Etats-Unis. Le docteur Haslan lui a donné le nom de *lepus virginianus*. (BACK, *Narrative of the Arctic Land expedition.*)

CHIENS ESQUIMAUX.

Nous avons parlé des attelages de chiens. L'habitué du boulevard de Gand qui va chaque jour faire sa promenade au bois dans sa commode et élégante voiture pour y étaler ses modes nouvelles et y faire briller la rare vitesse de ses chevaux pur sang, prendra sans doute en dédain l'humble traîneau tiré par de misérables chiens, et se figurera difficilement les services importants que rendent à l'homme les utiles animaux dont nous allons essayer de tracer le portrait.

Le chien des régions arctiques diffère au-

tant des charmantes levrettes et des délicieux
King's-Charles de nos élégants boudoirs, que
leurs maîtresses diffèrent elles-mêmes des
femmes sauvages qui peuplent ces contrées
désolées : il ressemble au loup de nos forêts,
il a comme lui le museau long et pointu, la
queue épaisse et les oreilles effilées et toujours
dressées ; sa taille moyenne est de quatre-
vingts centimètres de hauteur sur quatre-
vingt-onze de longueur ; son aboiement ressemble au hurlement du loup ; ses habitudes
même à l'état de domesticité sont presque
sauvages ; il demeure constamment en plein
air. Ingénieux à se garantir des rigueurs du
froid aussi bien que des inconvénients de la
chaleur, l'été il creuse des trous en terre
pour se mettre à l'abri de la piqûre des
moustiques, ou bien plonge dans l'eau et y
passe des journées entières ; l'hiver il se blottit
dans la neige, et ne laisse exposé à l'air que
l'extrémité de son museau, qu'il a soin par
excès de précaution de couvrir de son épaisse
queue pour le présrever du froid.

A défaut de chevaux et malgré sa faiblesse,
on a fait du chien une bête de trait, et toutes
les peuplades répandues sur les côtes de la

mer Glaciale attellent des chiens à leurs traîneaux et entreprennent avec ces seuls attelages de longs voyages dans lesquels ils trans-
portent souvent les plus lourds fardeaux.

L'éducation et le dressage de ces animaux
est pour les habitants de ces rudes contrées
une des occupations les plus importantes.
Aussitôt que les jeunes chiens ont atteint l'âge
de huit ou neuf mois, on commence à les
habituer au trait en leur faisant faire de
petites courses et traîner de légers fardeaux ;
mais ce n'est guère qu'à l'âge de trois ans
que l'animal est complètement dressé et
qu'on est en droit d'attendre de lui de véri-
tables services.

Dans un attelage c'est toujours le chien le
plus habile et le plus intelligent qu'on met
en tête ; car c'est de ce chef de file que dépen-
dent non-seulement la vitesse de la marche,
mais encore la bonne direction et même la
sûreté du voyageur. Le plus difficile de l'éducation c'est de détruire dans le chien de trait
l'instinct inné de la chasse, et de le dompter
assez pour qu'il ne se détourne point de la
route contre la volonté de son maître et ne se
lance pas à la poursuite des différents gibiers

dont il rencontre les traces empreintes sur la neige. Mais on ne réussit pas toujours à obtenir ce résultat, et il n'est pas rare de voir un attelage entier se précipiter de toutes ses forces sur de pareilles traces, comme une meute de chasse, en poussant de longs hurlements. C'est dans ces circonstances surtout qu'un bon chef de file est indispensable, et rien n'est merveilleux comme l'intelligence que déploient parfois quelques-uns de ces animaux pour ramener dans la bonne voie leurs compagnons moins habiles ou plus indisciplinés ; il n'est pas rare de le voir, au moment où l'attelage s'apprête à prendre une route périlleuse, s'imaginer, pour lui faire prendre la piste et lui donner le change, d'aboyer en se détournant d'un autre côté, comme s'il s'agissait d'un animal à poursuivre dans une direction opposée.

Rien n'est plus rigoureux que la manière dont on élève les chiens destinés à servir de bêtes de trait. Mais si cette éducation sévère rend le chien plus propre au rude métier auquel on le destine, elle détruit d'un autre côté par son excessive rigueur les qualités naturelles à cet ami de l'homme, en fait un esclave et lui en donne tous les défauts. Le chien des régions arctiques joint en général à la duplicité l'amour du vol et le désir de fuir celui auquel il appartient.

Comment en serait-il autrement, et quel attachement peut-il avoir pour un maître qui le maltraite depuis le jour de sa naissance jusqu'à celui de sa mort? Aussitôt que le jeune chien commence à voir clair, on le jette dans une fosse obscure où il demeure jusqu'à ce qu'il soit assez vigoureux pour être mis à l'essai; alors on l'attelle avec d'autres chiens déjà dressés. Après cette première épreuve on le renferme de nouveau dans une fosse obscure, d'où on ne le retire que pour lui faire subir de nouvelles épreuves, et cela jusqu'à ce que son éducation soit terminée. Les coups de fouet lu sont en tout temps beaucoup moins épargnés que la nourriture, qui ne lui est jamais distribuée qu'avec beaucoup de parcimonie; car, de peur de rendre les chiens moins légers à la course, on les laisse toujours affamés.

Les traîneaux auxquels on attelle ces chiens se composent en général de deux morceaux de bois recourbés, et l'on a soin de choisir à cet effet un morceau de bouleau qui ait cette forme. On sépare ce bois en deux parts, que l'on attache ensemble à la distance d'environ quarante centimètres par le moyen de quatre traverses. Vers le milieu de ce châssis s'élèvent quatre montants sur lesquels on établit le siége, qui est lui-même un vrai châssis d'un mètre de long sur un demi-mètre de large ; il est fait de perches légères et suspendu par des courroies. Pour rendre le traîneau plus solide, on attache encore sur le devant un bâton que l'on tient par une extrémité à la première traverse, et par l'autre au châssis qui forme le siége.

Les chiens sont attelés à ce traîneau par un collier formé de deux bandes de cuir de renne ou de veau marin auquel sont attachés des traits qui passent entre les jambes de devant, puis se réunissent sur les épaules, où ils se retiennent à une forte courroie fixée au traîneau.

… Il est essentiel que le chien placé en tête de l'attelage de la première *narta* soit dressé à ne reculer devant aucun obstacle, ainsi qu'à suivre une ligne constamment droite dans les endroits où il n'existe aucune route tracée. En automne, lorsque les rivières commencent à geler et que l'on attelle les chiens pour la première fois après un long repos, on ne leur fait parcourir que de petites distances ; plus tard, et lorsqu'ils se sont endurcis au travail, on peut leur faire franchir jusqu'à cent cinquante verstes par jour. Mais lorsqu'il s'agit d'un voyage prolongé, les étapes doivent être infiniment moins longues. Quand la température est très froide, on accorde aux chiens un jour de repos après deux ou trois jours de marche. Lorsque la température est douce on peut voyager pendant plus d'une semaine sans s'arrêter. De bons chiens sont en état de courir tout d'une haleine pendant une heure ou une heure et demie, après quoi ou les laisse reposer dix à vingt minutes.

Quelquefois dans de longs voyages les chiens s'écorchent le dessous des pattes, au point de laisser derrière eux une longue traînée de sang. C'est l'accident le plus fâcheux qui puisse arriver ; car un chien blessé aux pattes est non-seulement incapable de tirer le traîneau, mais il éprouve la plus grande difficulté à courir, tant la douleur qu'il ressent est vive. Il est essentiel en pareil cas de saigner le chien à la queue ou bien à l'oreille. Les chiens parcourent de six à douze verstes par heure; lorsqu'il leur arrive de tomber sur les traces d'animaux sauvages, leur ardeur augmente, et ils franchissent alors jusqu'à quinze verstes; c'est la plus grande vitesse qu'il soit possible d'atteindre.

Le cocher conduit son attelage avec un bâton crochu de trois pieds garni de grelots, qu'il secoue pour animer les chiens, en criant *onga* s'il veut aller à gauche, et *kna* s'il tourne à droite. Pour retarder la course il laisse traîner un pied sur la neige, pour s'arrêter il y enfonce son bâton. Quand la neige est glacée on attache des glissoirs d'os ou d'ivoire sous les semelles du traîneau dont les ais sont revêtus; quand il y a des descentes on lie des anneaux de cuir à ces semelles. Le voyageur, assis, les jambes pendantes, a le côté droit vers l'attelage; il n'y a que les femmes qui s'asseyent dans le traîneau le visage tourné vers les chiens.

L'instinct naturel à ces chiens est souvent fort utile au voyageur, alors que, perdu pendant une nuit obscure au milieu de plaines sans limites, courant à chaque instant le risque d'être englouti sous la neige, il lui faut trouver un abri contre les fureurs du chasse-neige. C'est souvent en vain que dans les plaines désertes de la Sibérie le voyageur chercherait à découvrir une de ces huttes isolées qu'une charité parcimonieuse a semées de loin en loin pour servir de refuge au pèlerin de ces pays inhospitaliers, sans la sagacité de l'habile animal qui, placé en tête de l'attelage, sait au milieu des ténèbres et de la tempête trouver ou plutôt deviner une hutte qu'il n'a souvent visitée qu'une seule fois.

Le chien de ces pays non-seulement sert de bête de trait pendant l'hiver, mais il rend encore le même service pendant l'été en halant les bateaux qui remontent les rivières. Lorsqu'un obstacle se rencontre, ces dociles animaux, sur un signe du batelier, se précipitent dans la rivière, la passent à la nage et vont se reformer en attelage sur l'autre rive. On en rencontre aussi parfois attelés à des bateaux échoués et les voiturant par terre d'une rivière à une autre; en un mot, ils remplacent pour les peuplades qui les utilisent les chevaux et les autres bêtes de trait.

Mais ce n'est pas tout : cet utile auxiliaire de l'homme rend encore à l'habitant du pôle d'autres services non moins importants. Il le suit à la chasse, où il l'aide de son instinct et de son courage. C'est lui qui découvre la piste de l'élan, du renne et de l'argali, lui qui les poursuit en conduisant son maître sur ses pas, lui encore qui tient tête à l'ours et aide au chasseur à s'approprier les dépouilles de ce formidable gibier.

HABITATION ET NOURRITURE DES ESQUIMAUX.

Les tentes d'été des Esquimaux sont fort remarquables ; elles sont en peaux de rennes tannées avec soin, leur forme est celle d'un cône ; une première tente en renferme très souvent une seconde, plus petite bien entendu, et de forme différente ; cette seconde tente est de forme triangulaire et couverte d'une peau de renne double, disposée de manière à ne laisser pénétrer ni jour ni air : elle est si basse qu'on ne peut se tenir qu'assis ou couché ; au centre se trouve une lampe constamment allumée le jour comme la nuit, elle est en terre et garnie d'une mèche de mousse enduite de graisse de baleine ; c'est autour de cette lampe que se groupe toute la famille.

On se figurerait difficilement de quelle atmosphère se trouve rempli l'intérieur de cette tente.

Nous transcrivons le récit d'un témoin oculaire : « J'eus la curiosité, dit-il, de visiter une de ces tentes, et j'avoue que je fus peu tenté d'y faire un long séjour, tant j'avais le cœur soulevé par les miasmes putrides provenant moins encore de la fumée grasse qui s'échappait de la lampe, que des émanations d'une dizaine de personnes qui se trouvaient réunies dans cet étroit espace, et dans un état complet de nudité. La femme et la fille de mon hôte me forcèrent à m'asseoir auprès d'elles pendant qu'elles s'occupaient du soin de tresser leurs cheveux ruisselants de graisse : c'était, à ce qu'il paraît, une politesse qu'elles me faisaient ; mais ce fut bien pis quand, mettant le comble à leurs bontés, ces dames daignèrent m'offrir dans une

4

écuelle de bois dégoûtante de malpropreté
de la viande de renne bouillie sans sel, et
qu'elles me mirent à la main une pelote de
graisse de baleine rance et puante qu'il me
fallait avaler en guise de pain. J'eusse donné
beaucoup pour être transporté d'un coup de
baguette magique chez Véfour ou aux Frères
Provençaux, ou tout simplement autour du
chaudron de bouillie d'écorce dévorée quelques jours auparavant avec un si furieux
appétit. Mais, vœux superflus! il fallut
m'exécuter et faire entrer de force ces hor-
ribles mets dans mon estomac, qui se soule-
vait de dégoût. Ce repas, auquel je ne puis
encore penser qu'avec un frisson d'horreur,
ne s'accomplit pas sans que mon hôte, qui
me faisait l'honneur de déjeuner avec moi,
se prît à vanter à plusieurs reprises le talent
remarquable de sa femme, qui savait donner
à la graisse de baleine le degré d'âcreté si
apprécié par les gourmets des bords de la
mer Glaciale. Pour moi, je sortis le cœur
sur les lèvres, jurant, mais un peu tard,
qu'on ne m'y prendrait plus, et me deman-
dant si la peine réservée dans l'autre vie aux
sensuels disciples de Brillat-Savarin n'était

pas d'être assis pour l'éternité devant un festin préparé par les mains de mon hôtesse. »

LES DOG-RIBS.

Nous empruntons au récit de Franklin les détails suivants sur les Dog-Ribs : la tradition dont il s'est fait l'écho a beaucoup de rapport, comme on le verra, avec celles adoptées par les Osages.

« Les Indiens Dog-Ribs (Côtes de Chiens) ont la même origine que les Chippewyans, avec lesquels ils ont aussi une grande communauté de traditions et de croyances. Selon eux, le premier homme s'appelait Chapewee : en sortant des mains du Créateur, ce père de l'humaine engeance trouva la terre bien pourvue de toutes choses nécessaires à la vie ; il engendra plusieurs enfants, auxquels il donna deux espèces de fruits, le blanc et le noir, avec défense de manger le noir. Après avoir ainsi fait connaître à ses descendants les prescriptions qui devaient leur servir de règle de conduite, il prit congé de sa famille, et partit pour un long voyage dont le but

était d'aller chercher le soleil et d'en doter
la terre. Pendant cette première absence, ses
enfants suivirent à la lettre ses commande-
ments; le fruit noir fut respecté, le blanc
seul fut mangé, mais il le fut complètement;
cette dernière circonstance fut cause qu'à la
seconde absence du père pour la recherche
de la lune, les enfants, pressés par le besoin,
oublièrent les ordres de l'auteur de leurs
jours, et mangèrent la seule espèce de nourriture qui leur restât. A son retour le père
entra dans une grande colère, et leur annonça
qu'en punition de leur désobéissance la terre
ne produirait plus dorénavant que de mauvais
fruits, et qu'eux-mêmes seraient tourmentés
par la maladie et sujets à la mort, et que
leur faute retomberait sur leurs descendants
et pèserait sur eux pendant toute l'éternité.
A dater de cette époque Chapewee vécut
encore de longues années, mais sa poitrine
devint faible, ses membres languissants, la vie
n'était plus pour lui qu'un fardeau. Ce patriarche cependant ne pouvait mourir de mort
naturelle, et il fallut que sur son ordre un
de ses propres enfants lui enlevât la vie en
lui enfonçant dans la tête un os de castor.

» Le même Chapewee ou peut-être un autre du même nom, car il n'est pas bien sûr que les sauvages n'aient pas fait pour leur patriarche ce que les Grecs avaient fait pour Hercule, et qu'ils n'aient attribué à un seul ce qui appartenait à plusieurs ; un Chapewee, dis-je, habitait avec sa famille une langue de terre qui séparait deux grandes mers, il construisit un filet pour prendre du poisson, et fit une pêche si abondante que l'isthme sur lequel il s'était établi s'affaissa sous le poids du poisson et disparut au-dessous du niveau des eaux ; dans cette occurrence, Chapewee s'embarqua avec toute sa famille sur un grand canot où il mit toute sorte d'oiseaux et d'animaux, les eaux couvrirent ainsi la terre pendant plusieurs jours, mais Chapewee trouva à la fin que sa position était insupportable et résolut de chercher une autre terre pour s'y établir ; il lâcha le castor en lui ordonnant d'aller à la recherche d'une terre, le castor partit à la nage ; mais bientôt on vit son corps flotter sans vie au-dessus des eaux, une seconde tentative devenait nécessaire. Chapewee envoya le rat musqué à la découverte, l'absence de ce nouveau messager dura longtemps ; lorsqu'il revint dans le canot il était presque mort de fatigue, mais portait un peu de terre au bout de ses pattes ; la vue de cette terre remplit de joie le cœur de Chapewee, mais son bonheur ne lui fit point oublier le salut de son serviteur habile et diligent : il prit le rat musqué dans ses mains, l'essuya avec soin et le réchauffa dans son sein jusqu'à ce que la vie lui fût revenue. Ce devoir de reconnaissance accompli, il prit dans ses mains la terre apportée par le petit animal, la pétrit en forme de boule et la plaça dans l'eau ; cette boule s'augmenta rapidement et devint bientôt une île au milieu de l'Océan.

Le loup fut le premier animal placé par Chapewee sur cette terre naissante, mais le poids de l'animal étant encore trop fort pour une île aussi petite, elle commença à pencher d'un côté et menaça de disparaître. Pour éviter cet accident, le loup se mit à tourner en rond autour de l'île ; cette course ne dura pas moins d'un an, temps pendant lequel l'île devint assez considérable et assez solide pour permettre à Chapewee d'y amarrer son canot et d'y débarquer. En mettant pied à terre, Chapewee planta un petit morceau de bois qui poussa avec rapidité et devint bientôt un grand arbre dont le sommet touchait les nuages. Un écureuil s'élança sur cet arbre et se mit à sauter de branche en branche ; Chapewee fit tous ses efforts pour l'attraper, mais l'écureuil était le plus agile, et l'homme ne put parvenir à ses fins. L'animal grimpait toujours ; Chapewee continuant à le poursuivre, arriva de la sorte aux étoiles, où il trouva une route large et bien frayée ; sur cette route il tendit un lacet fait avec un cheveu de sa sœur, puis redescendit sur la terre. Le lendemain matin le soleil reparut comme à l'ordinaire, mais à midi il se prit dans le piége tendu pour l'écureuil, et aussitôt l'obscurité se répandit dans le firmament.

La famille de Chapewee vint se plaindre à son chef et lui dit :

— Père, il faut que vous ayez fait quelque chose là-haut, car voici que nous sommes privés de la lumière du jour.

— Oui, répondit-il, j'ai fait une sottise, mais elle est involontaire.

Le plus pressé étant de réparer sa faute, Chapewee fit grimper sur l'arbre un certain nombre d'animaux et leur ordonna d'aller sur la route des étoiles et d'y couper le lacet qui retenait le soleil en captivité.

Les animaux obéirent à leur maître, mais les imprudents, en s'approchant trop près du soleil, furent réduits en cendres par la chaleur de cet astre. Ces animaux trop sensibles n'ayant pu réussir dans leur projet, une grosse taupe tenta l'entreprise, et fit si bien en cheminant sous terre qu'elle parvint jusqu'au soleil et rongea de ses dents le lacet qui le retenait. Mais cet exploit lui coûta cher, elle y perdit ses yeux, et c'est depuis ce temps que la taupe est aveugle, et que son museau et ses pattes sont couleur de roussi.

Pendant ce temps, l'île de Chapewee continuait à croître, et devint enfin si grande, qu'elle égalait en étendue le continent de l'Amérique; Chapewee s'occupa alors d'y tracer des rivières et des fleuves, et créa des lacs en enfonçant ses doigts dans la terre. Ce fut alors qu'il songea à désigner aux quadrupèdes, aux oiseaux et aux poissons les lieux qu'ils devaient habiter; il les doua en même temps de facultés différentes, puis il les mit en liberté en les avertissant de pourvoir par eux-mêmes à leur sécurité et de se garer de l'homme, qui leur ferait la guerre partout où il les rencontrerait ; mais ne voulant pas les réduire au désespoir, il leur dit qu'en mourant ils seraient changés en semences d'herbe, et qu'il suffirait pour les rendre à la vie de tremper ces semences dans l'eau.

Les animaux ne goûtèrent pas cet arrangement.

— Laissez-nous plutôt, dirent-ils, devenir à notre mort semblables à la pierre, qui, lorsqu'elle est plongée dans un lac, évite pour toujours la vue de l'homme.

Chapewee y consentit. La famille de Chapewee se plaignit à son tour de la sentence de mort prononcée sur les hommes, en punition de ce qu'ils avaient mangé le fruit défendu. Pour les consoler, Chapewee leur assura qu'il serait donné à certains d'entre eux d'avoir des songes qui leur procureraient la science de la médecine et leur enseigneraient l'art de guérir les maladies et de prolonger la vie, mais à la condition que ceux qui seraient favorisés de ces songes les tiendraient secrets pendant un laps de temps qu'il prit soin de déterminer. Il prescrivit aussi le moyen d'arriver à la connaissance de l'avenir. Ce moyen consiste à prendre une fourmi et à l'introduire toute vivante sous la peau de la paume de la main, le tout en secret et sans que personne puisse se douter de cette action.

Les descendants de Chapewee demeurèrent longtemps unis dans une seule et même famille ; mais enfin il arriva une querelle de jeu entre plusieurs jeunes gens, une rixe s'ensuivit, puis une dispersion générale. Le parti vaincu fixa sa résidence sur les bords du lac, en emmenant avec lui une chienne qui était pleine et qui mit bas peu de temps après.

Plusieurs années après, l'*Indien*, probablement quelque autre patriarche, s'approcha de leur tente, guidé par le bruit de petits enfants qui criaient en jouant ; mais, chose merveilleuse ! en entrant sous cette tente, il n'aperçut que des petits chiens. Cependant sa curiosité avait été vivement excitée. Il résolut de savoir la vérité. Un jour donc il feignit d'aller à la pêche, et se cacha dans un lieu d'où il pouvait tout voir sans être vu ; il ne tarda pas à entendre de nouveau des voix

humaines. Il entra brusquement dans la
tente et trouva une troupe d'enfants qui
jouaient, ayant à côté d'eux plusieurs peaux
de chiens. L'Indien, qui se douta du sortilége,
prit les peaux de chiens et les jeta au feu.
A dater de cette époque, les enfants conser-
vèrent toujours la forme humaine, ils gran-
dirent et devinrent la source de la nation des
Dog-Ribs

FIN.

TABLE.

FIN DE LA TABLE.

LIMOGES ET ISLE,
Typographies Eugène Ardant et C. Thibaut.

www.ingramcontent.com/pod-product-compliance
Lightning Source LLC
LaVergne TN
LVHW022313170726
843503LV00006B/2474